AF315886

OBSERVATIONS

SUR la Question de savoir, s'il faut faire actuellement une loi pour fixer l'époque, à laquelle celle du 12 vendémiaire an 4, a commencé à opérer dans la ci-devant Belgique.

UN message du directoire exécutif au conseil des cinq cents a appelé son attention sur la question suivante : *à quelle époque ont commencé à être exécutoires dans les neuf départemens réunis, les loix qui y avoient été envoyées avant celle du 12 vendémiaire an 4, relative au nouveau mode d'envoi et de publication des loix, mais qui n'y avoient pas encore été publiées dans les formes précédemment usitées ?*

Il y a quatorze mois que ce message a eu lieu ; il y en a trois que Bonaventure, au nom d'une commission spéciale, a proposé l'ordre du jour.

Frison a combattu l'avis de la commission et a demandé que les loix qui n'étoient pas exécutoires dans les neuf départemens réunis, lorsque celle du 12 vendémiaire an 4 y est arrivée, fussent censées publiées du jour de l'arrivée de cette même loi.

Pérez de la Haute Garonne, en adoptant l'opinion de Frison, a proposé d'ordonner que tout jugement contraire pourra être attaqué, par la voie de cassation, pendant trois mois, nonobstant tout laps de temps, ou tout jugement qui auroit rejeté la demande en cassation.

Il faut savoir qu'après l'occupation de la Belgique par les armées françaises, un arrêté du comité de salut public, en date du 20 frimaire an 3, défendit aux autorités constituées du pays de publier d'autres loix de la république française, que celles qui leur seroient envoyées par les représentans du peuple en mission dans ces contrées.

Lorsqu'ensuite la Belgique fut réunie à la France, le 9 vendémiaire an 4, le décret d'union ne leva pas la défense portée par l'arrêté du 20 frimaire ; l'exécution des loix françaises dans les 9 départemens réunis restoit toujours suspendue, jusqu'à la publication qui en seroit faite de l'ordre exprès des représentans du peuple en mission.

Bientôt parut la loi du 12 vendémiaire an 4, portant : que désormais l'insertion des loix au bulletin tiendroit lieu de publication ; qu'en conséquence il n'en seroit plus faite par lecture publique, réimpression, affiche, ni à son de trompe ou de tambour, dans aucun département de la république ; mais que les loix et actes du corps législatif obligeroient dans l'étendue de chaque département, du jour de la distribution du bulletin officiel au chef-lieu ; et que ce jour seroit constaté sur un registre.

Il importe de remarquer qu'à l'époque du 12 vendémiaire an 4, il ne se faisoit point encore d'envoi officiel du bulletin dans les neuf départemens réunis.

Il n'est pas moins essentiel d'observer, que ces loix françaises ne pouvant avoir d'empire dans ces départemens, qu'en vertu de l'ordre exprès des représentans qui y étoient en mission ; pour que la loi du 12 vendémiaire an 4 eût son effet dans la Belgique, il falloit :

1°. Que les représentans du peuple donnassent aux autorités constituées du pays l'ordre de la publier.

2°. Que cette publication eût lieu dans la forme ancienne et accoutumée.

La première de ces deux conditions étoit une conséquence immédiate de l'arrêté du comité de salut public, du 20 frimaire an 3, qui n'étoit pas abrogé, qu'au contraire le corps législatif avoit très à cœur de maintenir, puisqu'il renouvela le 3 brumaire an 4, l'injonction formelle de continuer à observer les arrêtés du comité de salut public dans les pays réunis, jusqu'à

(3)

l'établissement qui s'y feroit successivement des loix françaises.

Si les autorités constituées de la Belgique eûssent donné effet à la loi du 12 vendémiaire an 4, sans en avoir reçu l'ordre des représentans en mission, elles eûssent contrevenu à l'arrêté du 20 frimaire an 3, et à la loi du 3 brumaire an 4. Il est donc démontré que le nouveau mode de publication des loix prescrit par celle du 12 vendémiaire an 4, n'a pu avoir d'effet dans la Belgique que par l'ordre des représentans du peuple en mission.

La seconde condition n'étoit pas moins indispensable : il s'agissoit de faire savoir au peuple qu'à l'avenir on ne publieroit plus les loix, et que pour apprendre ses nouvelles obligations, désormais il devroit recourir au bulletin ; comment donner au peuple cette importante notification sans employer les formes usitées de tout temps, et auxquelles il étoit accoutumé ?

On objecte que le législateur est le maître de prescrire un nouveau mode de publication ! Personne ne s'avisera de contester ce point, mais aussi tout le monde conviendra que la loi même qui prescrit le nouveau mode ne devient obligatoire, que lorsqu'elle est connue, elle ne peut donc recevoir son complément que de sa publication, faite dans la forme anciennement usitée.

Mais, dit-on encore, la loi du 12 vendémiaire an 4, défendoit d'employer un autre mode de publication que celui qu'elle introduisoit ! D'accord, cependant, pour que la défense opérât, il falloit qu'elle fut d'abord connue, et si la publication de la loi portant cette défense avait dû se faire suivant le nouveau mode, il est évident que l'effet eut précédé la cause ; on auroit exécuté la loi avant qu'elle fût exécutoire, puisqu'encore un coup elle ne pouvoit être exécutoire, qu'après avoir été publiée ; le nouveau mode de publication n'avoit donc pas été prescrit pour la loi même qui l'établissoit, mais pour celles qui viendroient ensuite; ainsi la loi du 12 vendémiaire, an 4, devoit être annoncée au peuple dans les formes anciennes.

Les représentans du peuple en mission dans la Belgique, ont été les premiers à rendre hommage à ces vérités, dont il étoit impossible qu'ils ne fussent pas intimement convaincus. Ils ont reconnu par le fait la nécessité des deux conditions ci-dessus pour donner effet à la loi du 12 vendémiaire, an 4.

Ils ont ordonné, le 5 frimaire, an 4, qu'elle seroit publiée, et en vertu de cet ordre, elle l'a été à Bruxelles, dans la forme ordinaire et ancienne, le 12 du même mois de frimaire, an 4.

Avant cette époque, la loi du 17 nivose, an 2, concernant les successions, n'étoit pas en vigueur dans la Belgique. Les représentans du peuple avoient ordonné, le 29 brumaire, an 4, qu'elle seroit publiée; mais elle ne le fut en exécution de cet ordre, que le 24 frimaire suivant.

Delà pouvoit naître la question de savoir si la loi du 17 nivose obligeoit dans la Belgique depuis le 12 ou depuis le 24 frimaire? On n'a point élevé cette question, on n'est divisé que sur celle de savoir si l'effet de la loi du 17 nivose se reporte au 5 frimaire, jour auquel la loi du 12 vendémiaire est arrivée à Bruxelles, ou s'il ne remonte qu'au 12 frimaire, jour auquel la loi du 12 vendémiaire a été publiée de l'ordre des représentans du peuple.

L'importance qu'on donne à cette question feroit croire qu'entre le 5 et le 12 frimaire, il s'est ouvert dans la Belgique un grand nombre de successions opulentes, devenues l'objet de contestations que n'osent décider les tribunaux du pays. Quelques recherches qu'on ait faites à cet égard, on n'est parvenu à connoître qu'une seule affaire jugée en dernier ressort à Maëstricht, il y a 20 mois, actuellement pendante au tribunal de cassation, où le jugement en demeure suspendu, dans l'attente respectueuse de la décision du corps législatif.

(5)

Il a été dit au conseil des cinq-cents que *plusieurs testamens avoient été faits dans le département de la Dyle , entre le 5 frimaire , jour de l'arrivée de la loi du 12 vendémiaire , et le 12 du même mois de frimaire , jour de sa publication , et que , s'il étoit décidé , comme la commission le propose , que cette loi n'a opéré que de cette dernière époque , la ré-publique seroit frustrée de plusieurs millions qu'elle doit recueillir par succession du chef de plusieurs émigrés.* Qu'il soit permis d'observer qu'une semblable assertion n'a pas été réfléchie. Des milliers de testa-mens auroient été faits entre le 5 et le 12 frimaire , que cette circonstance ne seroit d'aucun poids ; ce n'est pas la date des testamens qu'il faut considérer , c'est l'époque de la mort des testateurs qui seule est décisive en pareil cas. Pour donner quelque valeur à l'assertion hasardée qu'on relève ici , il eût fallu pou-voir avancer que plusieurs testateurs étoient morts dans le département de la Dyle , entre le 5 et le 12 frimaire , an 4 , et de plus , que par un merveilleux hasard , ces testateurs décédés en grand nombre dans un si court intervalle , et dans un seul département , avoient laissé des successions non- seulement riches , mais litigieuses , mais intéressantes pour la nation , du chef de plusieurs émigrés. Ceux qui par de sem-blables insinuations surprennent la religion des légis-lateurs et des premiers magistrats du peuple , sont sans doute fort heureux qu'entraîné par le torrent des affaires , on n'ait pas le loisir d'analyser les faits qu'ils exposent , leur invraisemblance feroit d'abord naître le doute , qui conduiroit bientôt à constater la fausseté de ces faits.

Répétons , en nous dévouant nous-mêmes aux peines les plus sévères , si ce que nous avançons n'est pas l'exacte vérité , qu'il n'est mort dans le département de la Dyle , entre le 5 et le 12 frimaire an 4 , qu'un citoyen dont la succession est devenue litigieuse , en raison de la différence d'opinion sur l'époque à la-

A 3

quelle la loi du 17 nivose a dû commencer à opérer dans ce département, et que cette succession n'intéresse ni de près ni de loin la nation.

Il n'est malheureusement pas rare de voir généraliser des questions particulières et solliciter un jugement, sous prétexte de provoquer une loi. C'est un des plus cruels abus contre lesquels il faille mettre en garde le corps législatif, l'intrigue ne s'agite pas moins autour de lui qu'autour des autres pouvoirs. Un plaideur, après avoir épuisé les deux degrés de jurisdiction ordinaire, a succombé dans un procès ; il s'est pourvu au tribunal de cassation contre le jugement en dernier ressort qui le condamne ; mais on lui a dit : votre demande en cassation n'est pas fondée ; le juge, en vous condamnant, a bien ou mal jugé, peu importe ; il n'a contrevenu à aucune loi positive ; il a appliqué, suivant ses lumières et sa conscience, celles qui existoient lorsqu'il a jugé. Pour que vous eussiez raison de vous plaindre, il faudroit qu'une disposition expresse eût astreint ce juge à prononcer autrement qu'il n'a fait ; cette disposition n'existe pas.

Le plaideur obstiné ne se rend point ; il se persuade aisément que la loi qui lui manque devroit exister ; il s'efforce de le persuader aux autres ; il n'a garde de raconter qu'il a soutenu un procès, qu'il l'a perdu, qu'il n'a point de moyen de cassation. Il expose au ministre, au directoire, aux conseils que beaucoup d'affaires peuvent naître ou sont déjà nées dans la même espèce que la sienne, que les juges en seront très-embarrassés, que pour les mettre à l'aise il faudroit expliquer telle loi, énoncer clairement un point sous entendu par le législateur, par exemple, que les loix non publiées dans la Belgique avant le 12 vendémiaire an 4, sont censées l'être du jour de l'arrivée de cette loi dans le pays. Le législateur artistement enlacé dans le piége qu'on lui a tendu, croit faire une règle générale, et va prononcer immédiatement sur un cas particulier ; il opérera, sans le vouloir, la destruction d'un jugement irréfragable ; le désordre et la confusiou naîtront des mesures mêmes qu'il aura voulu prendre pour les prévenir.

Ne cessons pas de le répéter , c'est la succession de Philippe Norbert Vandermeere, mort à Bruxelles le 7 frimaire an 4 , qui seule a fait naître la question soumise au corps législatif.

Philippe Norbert Vandermeere avoit fait un testament par lequel il disposoit en faveur de Ferdinand-Charles Beeckman , son neveu.

Isidore de la Deuse , du chef de son épouse , a re-clamé la moitié de la succession, en vertu de la loi du 17 nivose. La femme d'Isidore de la Deuse a d'un premier mari, une fille unique mariée au ci-devant comte Vandernoot-Duras , dont le nom est fameux dans la première révolution des Pays-Bas , où il a joué per-sonnellement un grand rôle : delà l'intérêt si vif qu'a excité cette affaire , et les incroyables efforts em-ployés pour en assurer le succès au ci-devant comte.

Il a gagné son procès à Bruxelles.

Appel à Maestrick. Les juges d'appel ont pensé que la loi du 17 nivose n'avoit eu d'effet dans le départe-ment de la Dyle que du jour où celle du 12 vendé-miaire y avoit reçu son complément, par la notification solemnelle qui en avoit été faite au peuple le 12 fri-maire suivant; ils ont décidé que le testament du dé-funt prévaudroit.

Le tribunal de cassation a été saisi de cette affaire ; elle est aujourd'hui pendante devant lui , et lui seul a le pouvoir d'y statuer. S'il existe une loi positive à laquelle le tribunal de Maestrick ait contrevenu , son jugement sera annullé par le tribunal de cassation, qui le confirmera , sans nul doute , s'il n'y a pas de con-travention expresse à quelque loi préexistante.

Mais il n'y en a pas de précise ! non, il n'y en a pas, et voilà pourquoi il y a impossibilité légale, absolue , d'annuller le jugement en dernier ressort du tribunal de Maestrick.

Quel seroit donc l'effet de la loi demandée au corps législatif, et par laquelle il prononceroit que celle du 17 nivose est CENSÉE avoir été publiée le 5 frimaire, et être devenue obligatoire dans le département de la Dyle, deux jours avant la mort de Philippe Norbert Vaudermeere ? Ce seroit de tourmenter les juges du tribunal du cassation ; on dit de les tourmenter, car il n'est pas vraisemblable, il est encore bien moins certain qu'attachés sévèrement aux principes, ils appliquent rétroactivement une loi postérieure au jugement qui leur est déféré, loi qui de quelque manière qu'on la tourne, n'ayant pu servir de règle à ce jugement, ne pourroit fournir un motif suffisant pour l'anuller.

Admettons qu'il soit né beaucoup d'autres contestations du genre de celles-ci : ou elles ont été terminées à l'amiable, ou elles ont été jugées, ou elles sont encore indécises. Il est peu vraisemblable que les successions ouvertes dans l'espace de six jours, entre le 5 et le 12 frimaire an 4, soient en nombre notable ; il y a moins de vraisemblance encore que la plus grande partie ait donné lieu à des contestations restées indécises jusqu'à présent : la plupart auroient été terminées depuis deux ans et demi par des transactions ou par des jugemens, la loi qu'on feroit ne trouveroit donc qu'infiniment peu d'application, à moins qu'on ne voulut l'étendre aux affaires jugées, c'est-à-dire lui donner un effet rétroactif, ce que de sages législateurs ne se permettroient pas, quand même ils le pourroient sans violer la constitution.

Ainsi le projet de Frison ne sera certainement point adopté sans quelque restriction qui prévienne l'abus qu'on pourroit faire de la disposition principale. En demandant que les loix antérieures à la réunion, telle que celle du 17 nivose an 2, soient *censées*, publiées dans la Belgique, du jour de l'arrivée de la loi du 12 vendémiaire, Frison ne prend pas garde que cette loi même du 12 vendémiaire n'a pu devenir exécutoire dans le pays réuni, que de l'ordre exprès des représentans en mission, que cet ordre donné le 5 frimaire avoit subordonné l'effet de la loi du 12 vendémiaire à sa publication préalable, et que cette publication n'a eu lieu à Bruxelles que le 12 du mois de frimaire. Si, comme cela est démontré, c'est de ce jour 12 frimaire qu'a commencé l'effet de la loi du 12 vendémiaire, a-t-elle pu, avant le 12 frimaire, communiquer aux loix antérieures l'efficacité qu'elle n'avoit pas encore et qu'elle n'a eu que ce jour-là ?

Mais c'étoit l'intention du législateur qu'à l'instant de l'arrivée de la loi du 12 vendémiaire, elle fut exécutoire et qu'elle rendît exécutoires toutes les loix antérieures non publiées jusques-là ! Il est du moins permis de douter que telle fut l'intention du législateur, lorsqu'on se rappelle d'un côté l'arrêté du comité de salut public du 20 frimaire an 3 et la loi du 3 brumaire an 4, et de l'autre l'ordre exprès donné par les représentans du peuple en mission pour la publication de la loi du 12 vendémiaire ; au surplus, ce ne sont pas les intentions présumées du législateur, ce sont ses volontés positives qui font loi. C'est à la loi écrite que le juge doit son obéissance. Des jugemens solemnels ne peuvent être cassés sous prétexte qu'ils auroient été rendus contre l'intention du législateur, non manifestée dans les formes constitutionnelles.

De deux choses l'une, ou quelque loi précise existoit pour servir de règle aux juges de Maëstricht, où, faute de loi précise, ils n'avoient pour guide que les principes généraux, leur raison et leur conscience.

Existoit-il une loi précise sur le point dont il s'agit, il devient inutile d'en faire une qui ne diroit ni plus ni moins ; le tribunal de cassation saura bien faire respecter la loi préexistante, en cassant les jugemens qui y auront contrevenu.

N'existoit-il pas de loi précise sur le point dont il s'agit ; en la créant aujourd'hui, il est impossible de la donner pour règle aux jugemens qui ont précédé sa création.

Les tribunaux qui, à défaut de la loi précise sur le point dont il s'agit, se sont allignés sur les principes généraux et sur le droit commun, qui se sont conformés à l'ordre des représentans du peuple en mission, qui d'après cet ordre n'ont réputé la loi du 12 vendémiaire exécutoire que du jour de sa publication, qui ont pensé que de ce jour seulement commençoit l'effet de la loi de nivose, non encore publiée jusques-là, les tribunaux qui n'ont pas imaginé que dans un cas aussi grave, on pût admettre une fiction, qui ont encore moins deviné quelle espèce de fiction on tenteroit d'introduire un jour, ne peuvent être taxés d'aucune contravention qui compromette leurs jugemens. Si ces jugemens ne restoient pas dans toute leur force, dans toute leur vertu, il n'y auroit plus rien de sacré dans l'ordre judiciaire.

Qu'il soit fait une loi pour régler à l'avenir la marche des tribunaux civils dans les contestations non encore décidées en dernier ressort, et qui prescrive de juger désormais que la loi du 17 nivose an 2, a commencé a opérer dans la Belgique le 5 frimaire an 4. Ce n'est pas à un simple citoyen à discuter les avantages peu sensibles, et les inconvéniens majeurs qui pourroient résulter d'une semblable loi; mais tout particulier a droit de prémunir le corps législatif contre des entreprises qui menacent dans sa personne l'ordre légal et la sécurité publique. Si le corps législatif avoit le pouvoir de marquer après coup, au préjudice de jugemens solemnels, rendus en dernier ressort, et déja exécutés, l'époque à laquelle certaines loix sont *censées* être devenues obligatoires dans certaines contrées, les loix n'auroient plus de fixité, les jugemens de stabilité, la propriété de garantie. Hier, j'avois gagné mon procès; le jugement étoit régulier, il ne pouvoit être attaqué avec espoir de succès, il ne contrevenoit à aucune loi en vigueur au temps où il avoit été rendu : demain, dans un mois, dans un an, dans dix, la législature déclarera que telle loi auroit dû être appliquée par mes juges ; la législature décidera, non pas que cette loi étoit réellement publiée dans tel lieu, à telle époque, car ceci est un fait qui n'est pas du ressort des législateurs, mais que cette loi est *censée* avoir été publiée dans ce lieu à cette époque, antérieurement au jugemeut dont je me prévaux ; en conséquence, et pour signaler davantage sa puissance, la législature permettra d'attaquer par la voie de cassation, des jugemens auxquels elle vient, pour ainsi dire, d'inoculer elle-même le vice qu'ils n'avoient pas originéllement ; bien plus, en relevant de tout délai fatal, elle ordonnera au tribunal suprême, qui aurait déjà rejetté les demandes en cassation, formées contre ces jugemens, de revenir sur ses pas, et de se déjuger lui-même. Certes, il seroit difficile de pousser plus loin l'arbitraire, et de porter une plus mortelle atteinte à la constitution.

Pleins de confiance dans la sagesse du corps législatif, espérons qu'il suffira de lui avoir présenté ces vérités de fait et de droit, pour faire écarter le projet de Frison, et l'amendement, plus dangereux, de Pérès. Quelque résolution qui soit prise, elle le sera dans l'intérêt de tous, et non pour l'avantage personnel de quelques-uns ; la loi à intervenir ne détruira pas les jugemens rendus, et ne portera pas la souillure de l'effet rétroactif.

Eugène BEELEN, *comme chargé des intérêts du citoyen* F. Ch. BEECKMAN.

De l'Imprimerie de Du Pont, rue de l'Oratoire.